BEI GRIN MACHT SICH IHR WISSEN BEZAHLT

AF149417

- Wir veröffentlichen Ihre Hausarbeit,
  Bachelor- und Masterarbeit

- Ihr eigenes eBook und Buch -
  weltweit in allen wichtigen Shops

- Verdienen Sie an jedem Verkauf

Jetzt bei www.GRIN.com hochladen und kostenlos publizieren

Jens Saathoff

Heinrich von Morungens „Ich waene, nieman lebe..."

Eine Untersuchung des Spannungsverhältnisses von Leid und Euphorie

GRIN Verlag

Bibliografische Information der Deutschen Nationalbibliothek:

Die Deutsche Bibliothek verzeichnet diese Publikation in der Deutschen National-
bibliografie; detaillierte bibliografische Daten sind im Internet über http://dnb.d-
nb.de/ abrufbar.

Impressum:

Copyright © 1990 GRIN Verlag GmbH
Druck und Bindung: Books on Demand GmbH, Norderstedt Germany
ISBN: 978-3-656-49235-1

`Dieses Buch bei GRIN:

http://www.grin.com/de/e-book/232026/heinrich-von-morungens-ich-waene-nieman-
lebe

Heinrich von Morungens „*Ich waene, nieman lebe…*"

von Jens Saathoff

Inhalt

1. Einführung: Primärtext und inhaltliche Übersicht

Dieses Referat verfolgt das Ziel, das von Heinrich von Morungen verfaßte Lied der Hohen Minne „Ich waene, nieman lebe" im Hinblick auf das Spannungsverhältnis von Leid und Euphorie zu untersuchen. Als Bezugstext dient der folgende:

Ich waene, nieman lebe, der mînen kumber weine,
den ich eine trage,
ez entuo diu guote, die ich mit triuwen meine,
vernimt si mîne klage.
Wê, wie tuon ich sô, daz ich sô herzeclîche
bin an sî verdâht, daz ich ein künicrîche
vür ir minne niht ennemen wolde,
ob ich teilen unde wéln sólde?

Dô si mir alrêrst ein hôchgemüete sande
in daz herze mîn,
des was bote ir güete, die ich wol erkande,
und ir liehter schîn
Sach mich güetlî´ch an mit ir spilnden ougen,
lachen sî began ûz rôtem munde tougen.
sâ zehant enzunte sich mîn wunne,
daz mîn muot stêt hôhe sam diu sunne.

Swer mir des verban, obe ich si minne tougen,
seht, der sündet sich.
swen ich eine bin, si schînt mir vor den ougen.
sô bedunket mich,
Wie si gê dort her ze mir aldur die mûren.
ir rede und ir trôst enlâzent mich niht trûren.
swenne si wil, sô vüeret sî mich hinnen
zeinem venster hôh al über die zinnen.

Ich waene, si ist ein Vênus hêre, die ich dâ minne,
wan si kann sô vil.
sî benimt mir beide vröide und al die sinne.

swenne sô si wil,

Sô gêt sî dort her zuo einem vensterlîne

unde siht mich an reht als der sunnen schîne.

swánne ich sî danne gerne wolde schouwen,

ach, sô gêt si dort zuo andern vrouwen.

Wê, waz rede ich? jâ ist mîn geloube boese

und ist wider got.

wan bite ich in des, daz er mich hinnen loese?

ez was ê mîn spot.

Ich tuon sam der swan, der singet, swenne er stirbet.

waz ob mir mîn sanc daz lîhte noch erwirbet,

swâ man mînen kumber sagt ze maere,

daz man mir erbunne mîner swaere?[1]

Zum besseren Verständnis der Analyse wird hier eine kurze Übersicht über den inhaltlichen Aufbau des Liedes gegeben.

Erste Strophe:

Am Anfang der ersten Strophe gibt der Sänger den ihm aus seiner Liebe erwachsenden Kummer als Beweggrund für das Lied an. Jedoch erhofft er, mit seinem Gesang das Mitgefühl der Geliebten zu erwecken. Indem er die ersehnte Liebe in einem Vergleich über den Besitz eines Königreichs stellt, verleiht er der Stärke seiner Liebe Ausdruck.

Zweite Strophe:

In der zweiten Strophe erinnert sich der Sänger, wie er das erste Mal seiner Angebeteten begegnete, ihrer Güte gewahr wurde und ihre Erscheinung ein Gefühl der Wonne in ihm entfachte. Die Beschreibung ihrer Erscheinung wird von Ausdrücken des Glanzes und Strahlens dominiert. Deutlich wird die Besungene dabei in Beziehung zur Sonne ge-

---

[1] Die Schreibung orientiert sich weitgehend an Helmut Tervooren, die Stropheneinteilung richtet sich nach Helmut de Boor: Vgl. Heinrich von Morungen. Lieder. Mittelhochdeutsch und Neuhochdeutsch. Text, Übersetzung, Kommentar von Helmut Tervooren. Stuttgart: Philipp Reclam jun. 1975. Lied XXII. Helmut de Boor: „Heinrich von Morungen: „Ich wêne nieman lebe…" In: Die deutsche Lyrik. Hrsg. von Benno von Wiese. Bd. 1. Düsseldorf: August Bagel 1956. S. 43f.

setzt. Dieses Erlebnis der ersten Begegnung bezieht der Liebende auf seinen gegenwärtigen Zustand, indem er sagt, daß seine Gemütsverfassung nun der hochstehenden Sonne gleiche.

Dritte Strophe:

Hier scheint es, als wolle der Sänger seine heimliche Liebe rechtfertigen gegenüber Menschen, die ihm diese versagen wollen. Er schildert, was ihm seine Angebetete bedeutet, wie hilfreich sie ihm in seiner Einsamkeit ist. Wie in einem Wunschtraum tritt sie durch Mauern zu ihm und tröstet ihn mit ihren Worten, wenn er traurig ist.

Vierte Strophe:

Die besungene „frouwe" wird in der vierten Strophe gleichgesetzt mit einer übermächtigen Venus, die ihm Freude und Sinne zu nehmen vermag. Gleich darauf wird jedoch wieder ihre irdische Gestalt deutlich, wenn sie sich als höfische Herrin von ihm distanziert und anderen Damen zuwendet.

Fünfte Strophe:

In der fünften Strophe gesteht der Sänger die Schlechtigkeit seines Glaubens ein und verleiht seinem Todeswunsch Ausdruck. Er vergleicht sich mit einem Schwan, der singt, sobald er den Tod erahnt. Bei all der Hoffnungslosigkeit soll das doch noch bewirken, daß man ihn um seine Liebesqual beneidet.

2. Analyse

Zwei Ausgangspunkte liegen der Entwicklung und Deutung des Liedes zugrunde und sollen daher zunächst erläutert werden. Zum einen ist es die Erinnerung des Liebenden an die erste Begegnung mit der Geliebten, die in der zweiten Strophe geschildert wird. Bei dieser Begegnung wird die Distanz zu ihr überwunden und er erfährt ihre Nähe, ja sogar ihre Zuneigung. Die Schilderung verweist auf Eigenschaften Marias, die häufig als Güte spendend und Licht ausstrahlend dargestellt wird.[2] Im letzten Vers der zweiten

---

[2] Peter Kesting sieht in der strahlenden und Güte spendenden ´frouwe´ einen klaren Bezug zu bildhaften Darstellungen Marias im 12. und 13. Jahrhundert. Vgl. Peter Kesting: Maria-Frouwe. Über den Einfluß

Strophe wird deutlich, daß für den Liebenden die erste Begegnung ein Glückserlebnis darstellt, das bis zur Gegenwart auf ihn einwirkt („...daz mîn muot stêt hôhe sam diu sunne").

In der dritten Strophe zeigt sich, daß er seinen Kummer auch in Situationen der Vereinsamung mit Hilfe der Erinnerung an das empfundene Glück bewältigen kann. Wie in einem Wunschtraum gelangt dann seine Geliebte zu ihm, nimmt ihm alle Traurigkeit.

Zum anderen ist neben der Erinnerung die Hoffnung auf ein weiter bestehendes Mitgefühl seiner Angebeteten Bedingung dafür, daß Einsamkeit und Ferne überwunden werden und Freude entsteht. Diese Hoffnung, daß das schon einmal empfangene Mitgefühl ebenso beständig ist wie seine Liebe, wird gleich am Anfang der ersten Strophe ausgedrückt (1. Strophe, Verse 1-4). Die Aufhebung der Ferne ist einmal zu sehen als Bestandteil seiner Vision, die auf Erinnerung und Hoffnung beruht, aber ebenso ist sie Ergebnis der Macht, die der Geliebten als Venus zukommt.

In der vorletzten Strophe wird das Bild der Venus als zentrales Motiv dieses Gedichts deutlich. Alle Eigenschaften der Angebeteten werden in der Venus vereinigt. Sie steht sowohl für Schönheit, die im hellen Licht erstrahlt, als auch für übernatürliche Macht.[3] So ist sie imstande, ihm Freude und Sinne zu rauben („...sî benimt mir beide vröide und al die sinne"; 4. Strophe, Vers 3). Nähert sie sich ihm, so verliert er seine Sinne vor Glück, und sobald sie ihn wieder verläßt, nimmt sie ihm alle Freude. Ob die Venus ihre Gunst zuteil werden läßt, ist nur von ihrer Willkür abhängig („swenne sô si wil, ..."; 4. Strophe, Vers 4). Nach Schwietering kennt die Venus bei der Ausübung ihrer Macht keine Gnade. Sowohl die erste glückliche Begegnung als auch der Trost der Geliebten erweisen sich somit nur als Spiel der Venus mit ihrer Liebesmacht.[4] Ihre Zuwendung ist nur vorübergehend, daher distanziert sich ihre irdische Gestalt, die Geliebte, vom Liebenden sobald er sie „wolde schouwen" (4. Strophe, Verse 7-8). Diese Vorstellung von der Gnadenlosigkeit der Geliebten steht im Gegensatz zur Schilderung der ersten Begegnung. Dort ist es die strahlende Güte Marias, die der Angebeteten zugeschrieben wird.

Das Venusbild ist entscheidend für die Stimmungswende in der letzten Strophe. Der Liebende gesteht ein, daß sein Glaube, seine Venusverehrung „wider Gott ist"[5]. Und

---

der Marienverehrung auf den Minnesang bis Walther von der Vogelweide. München: Wilhelm Fink 1965 (= Medium Aevum – Philologische Studien, hrsg. von Friedrich Ohly u. a.; Bd. 5). S. 9, 14, 93f.
[3] Julius Schwietering: Mystik und höfische Dichtung im Hochmittelalter. Darmstadt: Wissenschaftliche Buchgesellschaft 1962. S. 96-98.
[4] Ebd. S. 98.
[5] Ebd.

dieser Glaube ist nicht nur unchristlich, sondern auch gering und wertlos, da er sich als unbegründet und hoffnungslos erweist. Aus dieser Erkenntnis heraus wünscht er sich seinen Tod herbei und vergleicht sich mit einem sterbenden Schwan, der singt, weil er dem Tode nahe ist. Das Singen des Liebenden ist Verkündung seiner Liebesqualen. Es wird nicht das Mitleid seiner Geliebten erwecken, wie er in der ersten Strophe noch hofft. Das einzige, was es noch bewirken kann, ist, bei den Menschen, die dieses Lied hören, Neid hervorzurufen; und zwar Neid auf seine Liebesqualen, die ihn ein solches Werk hervorbringen lassen, welches in seiner Widersprüchlichkeit typisch für den Minnesang ist.[6]

In diesem Lied Morungens werden die Paradoxien von Hoffnung und Enttäuschung, Fröhlichkeit und Traurigkeit, Wirklichkeit und Wahnvorstellung durch die Einbeziehung des Venusmotivs sehr deutlich. Es ist kein Freudengesang über die Erwiderung seiner Liebe, sondern umfaßt ein viel größeres Spektrum an Stimmungen. Das Anfangsglück wird zum Wahn und letztlich bleibt dem Minnesänger - wie es ihm gebührt - nur die Liebesqual.

---

[6] Julius Schwietering: Mystik und höfische Dichtung im Hochmittelalter. S. 99.

Literaturverzeichnis

de Boor, Helmut: „Heinrich von Morungen: „Ich wêne nieman lebe…" In: Die deutsche Lyrik. Hrsg. von Benno von Wiese. Bd. 1. Düsseldorf: August Bagel 1956.

Heinrich von Morungen. Lieder. Mittelhochdeutsch und Neuhochdeutsch. Text, Übersetzung, Kommentar von Helmut Tervooren. Stuttgart: Philipp Reclam jun. 1975.

Kesting, Peter: Maria-Frouwe. Über den Einfluß der Marienverehrung auf den Minnesang bis Walther von der Vogelweide. München: Wilhelm Fink 1965 (= Medium Aevum – Philologische Studien, hrsg. von Friedrich Ohly u. a.; Bd. 5)

Schwietering, Julius: Mystik und höfische Dichtung im Hochmittelalter. Darmstadt: Wissenschaftliche Buchgesellschaft 1962.